Prologue

Une alarme discrète clignotait dans la salle des serveurs, projetant des éclats rouges sur les murs métalliques. Accroupi sous un bureau, les doigts crispés mais rapides, je tapais sur un clavier qui ne m'appartenait pas. Sur l'écran, des lignes de commandes défilaient en vert. Le pare-feu était en train de tomber.

Tout devait être simple. Une mission de routine. Pourtant, quelque chose n'allait pas.

Dans le couloir, des pas lourds approchaient. Une goutte de sueur glissa sur ma tempe tandis que mon regard restait fixé sur l'écran. 10 % téléchargé. Beaucoup trop lent.

Puis, un message apparut.

— Qui êtes-vous ?

Mes muscles se tendirent. Personne n'était censé être là. Mon instinct me hurlait de partir, mais mes doigts prirent les devants.

— Une personne comme vous.

Quelques secondes s'écoulèrent avant la réponse.

— Sortez d'ici. Tout de suite.

Un frisson me parcourut l'échine. Je n'étais pas seul sur ce réseau.

J'avais raté quelque chose. Un détail. Un élément qui pouvait me coûter cher.

L'extraction plafonnait à 30 %. Insuffisant. Mais attendre davantage, c'était courir à la catastrophe.

D'un geste précis, je débranchai le boîtier et effaçai mes traces. Le temps pressait. J'empoignai mon sac, me redressai et fonçai vers la porte arrière, restée entrouverte.

L'air froid me frappa au visage alors que je m'élançais dans la nuit.

Derrière moi, une voix éclata.

— Stop !

Mon souffle se coupa. Les sirènes retentirent.

Ce n'était pas censé se passer comme ça.

Et pourtant, c'était seulement le début.

Hacknoma – Tome 1

J'avais 10 ans lorsque ma mère est partie pour un "voyage". C'est du moins ce qu'on m'a raconté. On m'a dit qu'elle avait dû partir à l'étranger pour une mission de travail urgente et imprévue, qu'elle n'avait pas eu le temps de me prévenir, mais qu'elle reviendrait bientôt. J'ai attendu, jour après jour, scrutant la porte avec l'espoir de la voir entrer. Mais elle n'est jamais revenue. Quelques semaines plus tard, on m'a emmené vivre chez mon oncle, en banlieue parisienne. C'était un homme dur mais juste, qui faisait de son mieux malgré les difficultés. Pendant six mois, j'ai continué à croire que ma mère reviendrait.Jusqu'à ce que mon oncle finisse par m'avouer la vérité : elle était morte. Cette révélation m'a anéanti. Pendant un long moment, je me suis enfermé dans le silence, fuyant un monde extérieur qui me paraissait hostile et injuste. J'ai trouvé refuge dans un univers que je pouvais contrôler : celui des machines. Mon cousin, développeur expérimenté, passait ses journées à coder. Longtemps, je l'ai simplement observé, hypnotisé par les séquences incompréhensibles, presque magiques. Puis, l'envie d'apprendre s'est imposée à moi. Si je n'avais aucune maîtrise de ma propre vie, peut-être pourrais-je comprendre celle des systèmes.

Acheter un ordinateur neuf était hors de question,

et mon oncle n'avait ni les moyens ni l'intérêt pour ce genre d'investissement. Mon cousin m'a alors donné un vieux PC qu'il n'utilisait plus, en échange de quelques services : aller chercher des courses, l'aider à ranger sa chambre... Ce fut mon point de départ. Grâce à lui, j'ai appris les bases, d'abord en HTML, puis en Python. Très vite, la programmation est devenue plus qu'un simple passe-temps : c'était une obsession. À cette époque, je fréquentais une école proche du centre-ville, mais suite au décès de ma mère, j'ai cessé d'y aller. Le fait de ne plus avoir à suivre les cours m'a permis de me consacrer entièrement à ma passion. Afin d'éviter d'éveiller les soupçons de mon oncle, je me rendais à la médiathèque : j'avais réussi à subtiliser le courrier de ma professeure concernant mes absences.

Cependant, ce petit stratagème ne dura que peu de temps. Quelque temps plus tard, il rentra furieux et me lança d'un ton acerbe : « Tu me prends pour un imbécile, que fais-tu de tes journées ? » Désemparé et incapable de lui répondre, je dus reprendre le chemin de l'école en me réinscrivant. Pourtant, dès que la nuit approchait, je me consacrais entièrement à ma passion. Un matin de février, en fouillant dans la bibliothèque de la chambre de mon cousin, un livre attira mon attention. C'était un ouvrage différent des autres, un livre sur le hacking.

Intrigué, je l'ai dévoré d'une traite, ne décrochant qu'à l'aube. Dès le lendemain, j'étais convaincu qu'il me fallait aller encore plus loin. Ce n'était plus seulement une question de coder des programmes : Je voulais comprendre les rouages cachés, repérer les failles invisibles à la perception du commun des mortels.

Et, sans le savoir, ce choix allait changer ma vie.

Mais mon enthousiasme m'a aussi joué des tours. À seize ans, poussé par la curiosité plus que par la malveillance, j'ai tenté d'accéder aux fichiers d'un ordinateur du lycée. C'était un défi intellectuel, juste une envie de comprendre jusqu'où je pouvais aller, de tester les limites. Je pensais être discret. Je me trompais. L'administration a réussi à remonter jusqu'à moi. L'affaire a pris une ampleur inattendue. Malgré mes explications, la sanction est tombée : exclusion définitive. Mon oncle, déjà fatigué par mes expérimentations et mes ennuis grandissants, a vu cela comme la goutte de trop.

— Tu veux jouer au génie de l'informatique ? Trouve un autre toit,m'a-t-il intimé, le regard froid.

Et comme ça, du jour au lendemain, je me suis retrouvé dehors, avec pour seul bagage un sac à dos et mon vieux PC sous le bras. J'ai dormi dans un vieil abri de bus, seul, avec pour seule compagnie l'obscurité et le bruit des voitures au loin. C'était un enfer. Chaque heure semblait durer une éternité, et la faim, plus que tout, me rappelait que je n'avais nulle part où aller. J'ai fini par me retrouver sous la responsabilité de la DASS (Direction de l'Action Sanitaire et Sociale, un ancien service de l'État chargé de la protection de l'enfance et de l'aide sociale). On m'a envoyé dans un foyer, loin de tout ce que je connaissais, dans le sud de la France. Un nouvel environnement, de nouvelles règles, mais à chaque fois cette même impression d'être à part. Loin de tout repère familier, je me suis rapidement retrouvé englouti dans une routine pesante. Chaque matin était une répétition du précédent, chaque nuit, une nouvelle épreuve d'insomnie. Les activités imposées étaient peu stimulantes, et le reste du temps, on se perdait entre les chambres et la cour, sans but précis. Pour échapper à cette monotonie, j'ai trouvé refuge dans l'exploration. Les systèmes qui nous entouraient, bien huilés et figés, semblaient faits pour nous emprisonner dans l'ennui. Je cherchais des failles, des petits moyens de contourner ce qui m'étouffait.

Le quotidien suivait un rythme strict, entre éducateurs fatigués et jeunes au passé souvent lourd. Certains se rebellaient ouvertement, d'autres attendaient simplement que le temps passe. Moi, je choisissais de m'isoler. Dès que l'occasion se présentait, je filais à la salle informatique. Un après-midi pluvieux, l'ennui m'a poussé à explorer le garage du centre, où un vieux distributeur de bonbons a attiré mon attention. Après des heures d'exploration, j'ai découvert un mécanisme secret. Un levier bien caché permettait de libérer les bonbons sans insérer de pièce. J'ai fièrement rempli mes poches, prêt à partager mon exploit. J'avais encore jamais aperçu ce jeune homme dans l'internat, et sa présence m'était restée imperceptible avant qu'il s'adresse à moi. Il avait des cheveux blonds, un peu en désordre, et des iris verts qui semblaient déchiffrer tout autour de lui. Il était hors de mon cercle, hors de ma classe, et pourtant il m'avait trouvé. Un sourire en coin se dessinait sur ses lèvres, comme s'il savait quelque chose que j'ignorais encore.

"Tu l'as fait comment ?" s'est-il exclamé, presque sans préambule.

"Chaque machine a une faille. Il suffit de la trouver," ai-je répondu, sans trop réfléchir, un peu surpris par la question. Ce n'était qu'une formule que je me répétais souvent, une philosophie qui m'accompagnait. Mais là, face à lui, elle semblait soudainement prendre tout son sens.

Puis, il a haussé un sourcil, comme s'il mesurait la portée de mes mots, avant de se pencher légèrement en avant. "Salut, moi c'est Rémi," m'a-t-il dit d'un ton tranquille. Ce n'était qu'un nom, un prénom parmi tant d'autres, et pourtant... tout a basculé. Je l'avais déjà entendu ce nom. Rémi. Le fameux cancre. L'un des plus connus de l'internat, non pour ses qualités académiques, mais pour ses bêtises, ses escapades, sa réputation d'éternel fauteur de troubles. Il traînait dans un autre bâtiment, loin des regards des professeurs, mais son nom circulait dans tous les coins. Je l'avais ignoré jusqu'à ce point, mais à cette occasion précise, je savais que je venais de croiser une personne qui allait marquer un tournant dans ma vie. Il était un orphelin, comme moi. Cela faisait partie de son histoire, comme cela faisait partie de la mienne. Un passé commun qui ne se disait pas vraiment, mais qui nous reliait d'une certaine façon. On n'avait jamais choisi cette situation, mais elle nous avait forgés de la même façon. Tout s'est passé très vite. On est devenus amis, directement. Une connexion qui allait bien au-delà des apparences. On était tous les deux un peu à l'écart, tous les deux marqués par cette solitude qui fait qu'on comprend les autres d'un regard, sans besoin de parler. Ensemble, on a vite fait les 400 coups à l'internat, sans cesse prêts à défier les règles et à chercher un moyen de s'échapper de la monotonie qui nous entourait. Je lui ai appris les bases de l'informatique. Lui qui, à première vue, n'était intéressé par rien d'autre que les bêtises, s'est plongé dans cet univers avec une passion inattendue. Il est vite devenu plus doué que moi. Il comprenait tout plus rapidement, m'étonnait avec ses idées et ses découvertes. Rémi est devenu un véritable passionné. On était inséparables, et il m'a aussi poussé à aller plus loin. Ensemble, on était capables de tout, sans la moindre limite.

Un jour, il est venu me voir avec une esquisse de malice sur les lèvres, et un étrange objet sous le bras : un flipper cassé, qu'il avait réussi à se procurer d'une manière ou d'une autre. "Tu veux voir ce que j'ai trouvé ?", m'a-t-il dit, l'enthousiasme vibrant en lui. Il l'avait démonté, cherchant à récupérer les composants intéressants. Mais, j'ai vu qu'il y avait bien plus à faire avec cet objet. C'est lui qui avait eu l'idée de l'utiliser pour tromper le dispositif de la barrière automatique du centre. Il a fallu synchroniser des signaux et comprendre comment manipuler l'électronique de la barrière. C'était assez complexe, mais petit à petit, on a compris comment ça fonctionnait.

Une nuit, après plusieurs tentatives, j'ai réussi à ouvrir la barrière. Il m'avait suivi à distance et a pu s'empêcher de lâcher un rire surpris.

"Tu travailles pour les services secrets ?" m'a-t-il demandé.

On s'est échappés du centre, aussi invisibles que possible. Une fois dehors, c'était comme une bouffée d'air frais. La liberté, enfin. On s'est dirigés vers le centre-ville, sans vraiment savoir ce qu'on allait faire. Là-bas, les lumières brillantes et l'agitation de la rue nous ont accueillis comme un monde à part. Lui, il s'est vite laissé emporter. Il a commencé à parler à des gens, à draguer, à plaisanter. Moi, je le suivais, mais tout ça semblait me glisser dessus sans vraiment m'atteindre. Je me sentais ailleurs, dans ma tête. La ville autour de nous bouillonnait, mais j'avais ce sentiment étrange d'être un extraterrestre. Puis, quelque part dans cette folie de la nuit, il a eu une idée. Il a vu un vélo stationné contre un mur, et sans réfléchir, il s'est précipité pour le prendre. "Tu paries que je peux m'échapper sans qu'on me voie ?" m'a-t-il balancé. A peine eu-je tourné la tête qu'il avait déjà sauté dessus. Mais un passant l'avait vu et avait immédiatement alerté la police. Quelques minutes plus tard, des sirènes se sont faites entendre, et, paniqué, il a commencé à pédaler plus vite, mais ça n'a servi à rien. Les policiers sont arrivés en quelques secondes. On a été embarqués rapidement. On nous a interrogés, mais au fond, tout ce qui m'intéressait, c'était de comprendre pourquoi je m'étais laissé entraîner dans cette escapade. Une fois relâchés, on est retournés au centre, la tête baissée, sans un mot. Ce qui avait commencé comme une tentative de liberté s'était transformé en un coup de poing. Tout ce que je ressentais, c'était une grande confusion. J'avais l'impression que, encore une fois, cette brève échappée m'avait été arrachée, me laissant avec une sensation d'inutilité. Après cet incident, j'ai été transféré dans un autre centre. Dès mon arrivée, j'ai eu droit à un entretien avec le directeur, un gros monsieur qui avait probablement vu défiler des cas bien plus complexes que le mien. Mais quand il a vu mon dossier, une trace de doute s'est dessinée sur son visage. « Qu'est-ce qu'on va bien faire de toi, bonhomme ? Un jeune sans avenir..." Ses mots étaient pleins de dédain. Il m'a posé une série de questions et, sans vraiment me laisser finir mes réponses, il a ri lorsqu'il a entendu parler de mon intérêt pour l'informatique. "L'informatique, hein ?" Il m'a regardé, comme si j'étais un enfant qui rêvait de choses irréalistes. J'ai bien vu qu'il me prenait pour un clown, et ça m'a frustré.

Ça m'a tellement frustré, son manque de foi en

moi, que j'ai décidé de lui prouver, à ma manière. Après que tout le monde soit allé dormir, je me suis faufilé dans son bureau. Mon objectif : lui faire comprendre qui j'étais vraiment. J'ai réussi à pénétrer dans son système, et la première chose que j'ai faite une fois dans la salle info, c'était de renommer tous ses fichiers personnels avec des noms aussi ridicules que "Ma_liste_noire.ppt" ou "Cahier_de_haine.txt". Puis, pour couronner le tout, j'ai configuré son PC pour qu'il redémarre toutes les heures avec un message pop-up du genre : "Cher directeur, vous avez oublié de faire vos devoirs". Un petit clin d'œil pour lui rappeler qu'il ignorait vraiment à qui il avait affaire. Bien sûr, ils ont vite soupçonné que c'était moi, mais sans preuve, ils n'ont rien pu faire. Mais le directeur, qui ne voulait surtout aucun problème avec un "cas comme moi", a trouvé une solution simple : me payer une école d'informatique, comme ça je sortirais de son chemin. Je pense jusqu'à aujourd'hui qu'il espérait juste se débarrasser de moi, me "rééduquer" ailleurs, loin de son regard. Il a insisté pour que je suive cette formation, pensant que c'était la meilleure façon de m'éloigner et de me faire rentrer dans un moule. Il m'était encore impossible de comprendre qu'il m'offrait une chance. Je pensais juste qu'il voulait me faire taire en me noyant dans la programmation. Mais finalement, cette "évasion" m'a permis de quitter le centre et de trouver un chemin qui m'était bien plus adapté. Et au fond, je lui suis reconnaissant. Parce qu'à sa manière, il m'a ouvert une porte que je n'aurais jamais pensée possible. Mais un sentiment de tristesse m'envahit. Rémi m'avait manqué. Il avait été transféré dans un autre centre, et plus de nouvelles ne m'étaient parvenues. Je me demandais ce qu'il était devenu, s'il allait bien. J'étais triste, bien sûr, mais je n'avais guère le temps de m'attarder là-dessus. Une opportunité se présentait à moi : j'allais être envoyé dans une école, et pour moi, c'était une occasion de m'en sortir enfin, de m'éloigner de tout ça. C'était un nouveau départ, une chance à saisir absolument. Quand j'ai su que j'allais quitter ce centre, j'ai eu un sentiment étrange. C'était loin d'être de l'excitation ou de la joie. Plutôt un mélange de soulagement et de vide. Deux semaines à peine dans ce centre et déjà, il était temps pour moi de partir. On m'avait donné peu de temps pour préparer mes affaires. J'avais juste à rassembler ce que j'avais, le peu de choses qui m'appartenaient dans cet endroit. Quelques vêtements, des livres, un carnet… Tout était déjà dans un sac que je traînais depuis mon arrivée. J'avais encore du mal à accepter ce qui venait de se passer, et l'idée de m'éloigner davantage de Rémi me pesait. Mais il n'y avait aucune autre option.

Une fois dehors, je suis monté dans le train, seul. Le trajet était silencieux, et le paysage défilait sans que j'y prête vraiment attention. Le cliquetis constant des roues sur les rails me rappelait que tout avançait trop vite. Retourner dans ma ville semblait inévitable, même si, parfois, je m'y sentais étranger, comme si elle ne m'appartenait plus. Arrivé dans la nouvelle école, j'ai été accueilli par l'administration, distante et impersonnelle. Les autres élèves me regardaient comme un inconnu, ce qui ne m'étonnait pas. Pour eux, j'étais juste un nouveau. Il y avait des gens bien plus brillants, bien plus sûrs d'eux. Et pourtant, je savais que c'était une chance, une occasion de m'en sortir. Cela m'offrait une porte ouverte vers un futur plus facile, plus "normal". Mais cette normalité me pesait déjà. J'étais perdu quant à ce que je cherchais exactement. L'atmosphère était tendue. Les élèves étaient en petits groupes, des conversations futiles se mêlaient aux rires. Mais moi, je peinais à me fondre dans cette foule. Tout semblait trop grand, trop brillant, trop… lointain. Je suivais les autres, écoutant d'une oreille distraite les professeurs, m'efforçant de comprendre où je me trouvais réellement. J'avais l'impression que cette nouvelle étape de ma vie commençait sur une note étrange. Ce qui aurait dû être un nouveau départ semblait plutôt une continuation, une nouvelle façade de quelque chose dont j'étais ignorant. Mais je devais m'y faire. Les premiers mois avaient été difficiles. L'adaptation à un nouvel environnement, les exigences des cours, et surtout, l'absence de Rémi pesaient sur moi. J'avais parfois du mal à me concentrer, mon esprit vagabondait, me ramenant sans cesse vers nos souvenirs communs. Pourtant, petit à petit, je prenais le rythme. J'apprenais à organiser mon travail, à repousser mes limites. L'informatique, qui m'avait toujours intrigué, était devenue bien plus qu'un simple domaine d'étude : c'était une passion, un refuge, un moyen de m'évader. À force de persévérance, de nuits blanches et d'efforts, j'ai finalement réussi ma première année avec brio. Cette réussite avait un goût particulier, mélange de fierté et d'amertume. J'avais progressé, j'avais changé. Je n'étais plus le même qu'avant. Pourtant, tard le soir, quand tout devenait silencieux, mes pensées revenaient toujours vers lui. Il me manquait. Puis, sans crier gare, l'idée m'est venue : et si je pouvais retrouver sa trace ? Je savais qu'il était dans un centre, mais où ? Peut-être même qu'il était en prison. Ça me hantait. Je me suis donc lancé dans des recherches pendant une semaine entière, passant des nuits blanches devant mon écran, fouillant les bases de données, les forums, cherchant chaque indice qui pourrait m'orienter vers lui. Au bout de longues heures de recherche, j'ai fini par localiser son centre, proche de Rouen. Un soulagement énorme m'a envahi. J'avais retrouvé une personne qui, je le savais, me comprenait comme personne d'autre. Je l'ai contacté immédiatement, et nous avons échangé pendant des heures, sur tout et rien, sur ce qu'il était devenu, sur ce que j'étais devenu. C'était comme si on avait rattrapé tout le temps perdu. Je lui ai expliqué que j'avais intégré un établissement spécialisé dans le domaine technologique. Cela semblait irréel, mais je savais que cette opportunité pourrait nous ouvrir de nouvelles portes. De son côté, il m'a parlé de sa situation : il était dans un centre encore plus strict que celui où j'avais été, mais il se montra vite déterminé. Il voulait me rejoindre, coûte que coûte. Au début, je pensais que c'était une folie. Comment réussir à changer son dossier catastrophique ? C'était une idée presque irréaliste. J'avais du mal à imaginer comment il allait réussir à faire bouger les choses.Pourtant, il persista. Il m'envoyait des nouvelles, parfois de petites avancées, parfois des échecs, mais il persévérait. Il avait commencé à contacter des responsables, à fouiller dans ses options, à remplir des formulaires, à argumenter de son côté. C'était un travail de longue haleine, il ne lâchait rien. Les semaines passèrent, et malgré tout ce travail, je doutais qu'il pût réellement y arriver. Il me dit qu'il avait su convaincre les bonnes personnes, qu'il avait présenté un plan solide. Peu après, il franchit une série d'évaluations de compétences et fut retenu. Mais il m'avoua un détail qui me sidéra : il s'était introduit dans le système informatique de l'établissement et avait modifié certaines appréciations de ses enseignants. Grâce à cela, il fut accepté dans la même école que moi. Quand j'appris la nouvelle, j'eus du mal à y croire. C'était tellement irréel. C'était comme un rêve devenu réalité, un rêve qu'on n'osait pas espérer trop fort, mais qui, à force d'efforts, finit par se concrétiser. Nous vivions dans une résidence étudiante attenante à l'école. Il avait une chambre au deuxième étage, moi, j'étais au troisième. On se retrouvait souvent après les cours, on mangeait ensemble, jouait à la console, et passait des heures à discuter de tout et de rien. C'était un petit cocon, une sorte de routine qu'on appréciait tous les deux, loin des anciens endroits où on avait vécu. Nous étions tellement heureux de nous retrouver. Évidemment, retrouvailles rimaient avec un retour immédiat à nos pitreries. C'était comme si rien n'avait changé, comme si on n'avait jamais quitté cette époque où la liberté et l'aventure étaient tout ce qui comptait. On n'avait plus peur de rien, ensemble. Poussés par une soif de transgression et un désir de défier l'autorité, nous falsifiions parfois nos notes pour réussir certaines épreuves.

Il y avait une classe de cybersécurité dans l'établissement, et on rêvait d'y entrer, mais notre parcours nous en avait écartés. Rémi, dans son style habituel, a eu une idée farfelue pour tester leurs compétences. Il savait que ces étudiants passaient leur temps à se concentrer sur des systèmes de sécurité complexes, alors il a entrepris de pirater un simple terminal, avec une méthode si absurde qu'elle en devenait presque comique. Il a repéré une machine laissée sans verrouillage, probablement oubliée par un étudiant distrait. En quelques secondes, il a branché un dispositif contenant un petit programme maison. Dès que le mode veille s'activait, il diffusait une vidéo de chatons dansants. Et pour éviter toute détection, il avait dissimulé l'icône du programme en arrière-plan.

Le lendemain, toute la classe s'est retrouvée face à ces adorables créatures en train de danser. Au début, certains pensaient que c'était un bug, mais ils ont vite compris qu'il s'agissait d'une farce. Ce qui était encore plus drôle, c'est que personne ne savait comment arrêter la vidéo. Malgré plusieurs tentatives pour résoudre le "problème", la source restait introuvable. C'était un vrai spectacle de chaos, et personne n'a pu en venir à bout avant plusieurs heures. On se faisait connaître dans l'école, mais pour de mauvaises raisons. Les professeurs savaient qu'on était derrière ces bêtises, mais ils n'arrivaient à prouver rien. Une soirée, il est rentré complètement défoncé et a commencé à vomir dans tout le couloir de l'entrée. Le gardien est sorti, furieux, et lui a demandé d'arrêter de gueuler. Mais Rémi, dans un accès de rage, lui a mis un coup de boule, et ils se sont battus. Heureusement, j'étais là à temps pour les séparer. J'ai cru qu'on allait se faire virer de la résidence. Heureusement, le gardien a renoncé à porter plainte. Le lendemain, je l'ai croisé, et il m'a dit qu'il avait l'habitude de ce genre de scène, qu'il avait aussi été jeune. J'ai souri, à moitié halluciné, et je lui ai apporté une pizza le soir même pour apaiser les tensions. À cette époque, j'avais réussi à obtenir une bourse, ce qui m'avait beaucoup soulagé. Mais mon acolyte, lui, devait absolument trouver une alternance, et il ne lui restait qu'un mois. De mon côté, j'avais réussi à décrocher un stage dans une petite ESN pour le début de l'année, et j'étais assez fier de moi. Mais je savais que tout cela était trop beau pour être vrai, que ça ne durerait pas. À la dernière minute, il avait trouvé une entreprise disposée à l'accueillir, un soulagement inespéré. Mais un matin, il a reçu un message lui annonçant que l'offre était annulée. Il était hors de lui. Le soir même, il m'a avoué qu'il avait l'intention de pirater l'entreprise pour se venger. J'ai cru que c'était une blague, mais le lendemain, une alerte a été lancée à l'école : un piratage avait eu lieu. Un professeur a débarqué dans la salle, furieux, et a commencé à crier. C'est là que j'ai commencé à paniquer. Je suis devenu pâle, mes mains ont tremblé. Pendant la pause, je suis allé vomir. J'ai appris qu'il avait demandé une rançon à l'école et à l'entreprise en même temps. C'en était trop pour moi. Le soir, je l'ai croisé à sa fenêtre. Il semblait être une autre personne, une sorte de haine se dégageait de lui. Il ne m'a rien dit, il était là, à fumer silencieusement. En quelques secondes, tout avait changé. Je me sentais perdu. Dans la foulée, j'ai envoyé un mail à l'administration pour demander à changer de campus, mais sans succès. Je savais qu'il allait se faire remonter, et que mon nom allait sortir dans l'histoire. J'avais commencé à regretter de l'avoir amené ici. Ils avaient fait appel à des experts pour investiguer. Rémi n'aurait jamais laissé une faille aussi évidente. Il avait tout prévu : VPN, proxy, et rebond sur plusieurs machines compromises. Son plan était bien ficelé. Mais personne n'est infaillible…

Son erreur ? Il avait utilisé un compte étudiant volé pour s'introduire dans le système. Évidemment, il s'agissait des identifiants d'un élève. Pour effacer ses traces, il avait falsifié les logs de connexion. Ce qu'il avait omis, ce furent les sauvegardes automatiques du serveur. L'école enregistrait des instantanés des connexions toutes les heures. En comparant une version précédente des logs avec celle qu'il avait modifiée, les experts ont repéré une incohérence. Une connexion suspecte était apparue avant même que l'étudiant en question ne se connecte réellement. Un décalage de quelques minutes, imperceptible pour la plupart, mais suffisant pour déclencher une alerte. À partir de là, ils ont remonté le fil. En analysant les accès au Wi-Fi et les appareils connectés à ces horaires, ils ont identifié un périphérique qui apparaissait uniquement tard le soir – exactement au moment où l'attaque avait eu lieu. Ce périphérique était unique... et il appartenait à Rémi. Les professeurs ont d'abord hésité avant de l'accuser directement, mais un détail les a convaincus : l'email utilisé pour envoyer la demande de rançon était lié à un vieux compte compromis. En creusant, ils ont découvert que ce compte avait été consulté depuis le réseau de la résidence étudiante.

Le lendemain matin, en plein cours, un agent de l'administration a fait irruption.

— "Rémi, tu nous suis. Maintenant."

Un silence pesant est tombé sur la classe. Il s'est levé, a pris le temps de me regarder…

— "C'était fun, hein ?"

Puis il est sorti, comme si tout ça n'était qu'un jeu… Quelques heures après, j'ai appris que j'allais être viré de l'école, et que le stage que j'avais enfin obtenu était annulé.

Je n'aurais jamais cru que cette affaire prendrait de telles proportions. Le poids de tout cela était insupportable. Je n'avais plus d'options. C'est alors que je me suis rappelé d'un livre que j'avais lu quand j'étais plus jeune. Un ouvrage sur le changement d'identité, sur les nouvelles vies possibles. C'était une idée folle, mais elle m'a traversé l'esprit comme un éclair. C'était un plan loin d'être parfait, mais c'était ma seule chance de tout effacer, de disparaître pour de bon, loin de ce chaos. Je n'ai pas réfléchi plus longtemps. J'ai pris mon sac, récupéré les dernières économies qui me restaient et me suis précipité dans le premier cybercafé que j'ai trouvé. Là, j'ai réservé un billet pour Sydney, le plus rapidement possible, avec le visa touristique que j'avais pu obtenir en urgence. C'était risqué, je le savais, mais je n'avais plus le choix. Mon objectif était de fuir, de m'effacer, de disparaître loin de tout ce qui me poursuivait. Quelques heures plus tard, j'avais l'impression de m'échapper. J'ai quitté la ville, et tout ce qui me maintenait prisonnier de cette histoire. Mais je savais que, si la police venait fouiller mon appartement, ils pourraient trouver des indices. C'est là que j'ai pris une autre décision : j'ai envoyé mon téléphone en Suisse pour brouiller les pistes. Les enquêteurs croiraient que j'étais parti là-bas. Mais en réalité, j'avais déjà échappé à la vigilance. L'Australie, c'était mon dernier refuge. Un lieu où je pourrais respirer, loin des ennuis, loin de ce que j'avais créé. Pendant des semaines, je n'ai plus eu de nouvelles de Rémi. Il avait disparu, comme effacé de la surface du monde.

Puis un matin d'hiver, j'étais dans un café à Sydney, en train de siroter mon café quand j'ai vu les images. Je croyais rêver. J'ai dû me frotter les yeux, me frapper le visage, juste pour m'assurer que j'étais bien réveillé. Je pensais sérieusement que j'étais encore en train de dormir. Mais non, c'était bien réel. Le bandeau d'information annonçait : "Deux étudiants demandent une rançon à leur propre école et à une entreprise".

En lisant ces mots, un rictus nerveux a traversé mon visage. C'était tellement absurde, irréel, que j'ai eu un éclat de rire nerveux. J'avais du mal à y croire, mais je savais que ça venait de lui. Et pourtant, c'était bien ma réalité. Je me suis dit que j'avais bien fait de partir. L'idée même de devoir affronter tout ça m'a submergé. J'ai pensé à porter plainte contre la chaîne pour diffamation. Mais au fond de moi, je savais que ça ne changerait rien. J'étais trop faible pour affronter un combat aussi public. Mes pensées se bousculaient, je me sentais accablé. C'était comme un poids qui me broyait de l'intérieur. Une sensation de vertige m'a envahi. J'avais tout perdu, tout ce pour quoi j'avais travaillé. L'idée de tout recommencer, d'assumer les conséquences de ses actes, de la mienne, m'a assiégé. Je me suis retrouvé à un point où je n'arrivais plus à respirer, où tout semblait s'effondrer autour de moi. J'ai pensé que tout était fini, que la honte était trop grande à porter.

J'ai eu des pensées sombres. L'abîme du suicide m'attirait, mais un fil ténu me retenait au bord. Peut-être la colère, peut-être la peur de dévier des attentes. Il était hors de question pour moi de me laisser abattre. J'avais déjà traversé tellement de galères dans ma vie. Ce n'était que le début.

L'auberge de jeunesse où je m'étais installé offrait un décor modeste et authentique, aux murs décorés de cartes postales d'endroits lointains et de souvenirs de voyageurs en quête d'aventure. Je partageais la chambre avec trois personnes dont un Français nommé Tanguy, sa présence me terrifiait au point que je ne pouvais me permettre le moindre faux pas. Ma chambre, à l'image de ce lieu vibrant, était elle aussi un espace d'activité et de partage. Puis il y avait Nina, une jeune Allemande dans une quête intellectuelle, souvent plongée dans des livres, à l'affût de la moindre imprécision dans une conversation. Enfin, Raymond... Raymond se tenait là, courbé par le poids des ans, une véritable carte géographique des mémoires gravée sur son visage ridé. Ses mains, noueuses et tordues comme les racines d'un vieil arbre, tremblaient légèrement, témoignant d'un passé riche en labeurs et en épreuves. Ses cheveux, autrefois peut-être d'un brun vigoureux, étaient désormais clairsemés et argentés, encadrant un crâne dégarni. Ses yeux, derrière d'épaisses lunettes, conservaient une étincelle vive, un reflet nostalgique d'un jeune homme qu'il avait été jadis, un jeune homme plein d'espoir et d'ambition, un jeune homme que le temps avait doucement érodé, le transformant en cette figure fragile et vénérable. Sa démarche était lente et hésitante, mais il portait sur ses épaules, non pas le fardeau de la vieillesse, mais le précieux héritage d'une vie bien remplie, d'un passé gravé à jamais dans le marbre de son âme. Tanguy, trop curieux et déjà proche, commençait à percevoir les incohérences de mes propos. Le stress montait. J'avais beau avoir un excellent accent américain, il y avait néanmoins ce petit grain de sable dans les rouages. mmergé dans l'échange, j'ai maladroitement fait glisser mon téléphone de mes mains. "Saperlipopette," le mot a fusé, échappé à mon contrôle. Une exclamation désuète, on ne peut plus française, qui a résonné avec une force inattendue dans le silence soudain de la pièce. Instantanément, son regard s'est cloué sur moi, teinté d'une stupéfaction palpable. C'était très tendu. Ayant décidé d'éviter que la situation dérape, je réagis rapidement. Le registre de ma parole se fit plus désinvolte, presque nonchalant : « Oh, tu sais, j'ai fait un petit tour en France l'année dernière, j'étais tellement impressionné par leur humour un peu décalé que, parfois, quelques mots me reviennent par réflexe. Mais c'est rien, faut détendre l'atmosphère, non ? », visiblement apaisé par ma réponse, eu un petit rire nerveux. « Ah ouais, je vois ce que tu veux dire. C'est vrai que ça peut arriver, haha. » Nina, absorbée dans ses réflexions, ignora complètement la scène. Je sentis qu'il n'était que partiellement dupe. Il avait encore des doutes. Malgré tout, j'avais géré la situation avec assez de fluidité pour avoir relancé la conversation et évité d'autres questions. Mais cela m'avait fait comprendre que chaque avancée devait être plus mesurée. À la fin de la soirée, alors que tous les autres s'étaient endormis, il voulut discuter en toute confidentialité avec moi. Il entra dans la chambre, ferma doucement la porte et me dit: « On dirait que tu navigues entre deux mondes, toi... » Je demeurai incertain de ce qu'il savait exactement. Heureusement, il ne resta qu'une semaine dans l'auberge. Raymond attira rapidement mon attention dès que je le rencontrai à l'auberge. Bien que réservé, son absence de préoccupations évidentes et son comportement tranquille semblaient dissimuler une réalité bien plus intrigante. Nos premières discussions ont révélé sa véritable profession : concierge. Il travaillait en mission pour plusieurs entreprises de renom, offrant ses services d'entretien et de gestion dans certains établissements d'envergure exceptionnelle. Cette position lui procurait un accès privilégié et une connaissance intime des coulisses de ces entreprises soigneusement protégées. Pour un hacker comme moi, cet accès représentait une véritable aubaine. Immédiatement, je compris que cet homme était une ressource précieuse, un maillon clé dans mes projets. Un simple concierge pour les autres, mais un gardien des secrets et des failles pour celui qui savait comment les exploiter. Je n'eus donc aucune réserve à commencer à me rapprocher de lui. Chaque conversation, chaque petit geste devenu familier semblait un bond de plus dans ma quête pour découvrir son monde. Peu à peu, nous avons commencé à apprendre à nous connaître, et une complicité inattendue s'installa entre nous. Au fil des semaines, je l'avais analysé de plus près. Il semblait avoir plus de mal à joindre les deux bouts qu'il ne le laissait paraître. À chaque fois qu'il en parlait vaguement, son attitude changeait. Il ne voulait jamais trop en dire, mais je comprenais que derrière son calme apparent, il y avait des dettes, des obligations financières, une pression qu'il dissimulait sous son masque de sérénité.

Alors que nous partagions un repas dans le petit coin de la cuisine, je décidai d'aborder une nouvelle fois le sujet, mais de manière subtile. Je savais que j'avais une carte à jouer, et elle ne pouvait être gagnée sans un peu de finesse. « Tu sais Raymond, » commençai-je en grattant le bord de ma tasse, « la dernière fois, tu m'as parlé des petites galères à la fin du mois. Si tu veux, je pourrais peut-être t'aider à les alléger. Je réfléchissais à une idée qu'on pourrait mettre en place. Tu connais des choses sur l'entretien des bâtiments, mais si tu avais des moyens d'obtenir un peu plus, juste quelques coups bien placés… Ce serait bien, non ? » Son regard, faussement distrait, trahissait une vive intelligence, cherchant à saisir le sens caché de mes paroles. « Je suis sérieux, » repris-je, « Toutes ces nuits que tu passes à bosser dur pour accumuler quelques sous de plus… et si on allait un peu plus vite ? » ajoutai-je, avec une pointe de malice. « On pourrait en parler un de ces quatre, si ça te dit.» Il parut perplexe. Je pouvais le voir peser le pour et le contre dans sa tête. Je me doutais qu'il m'approchait peut-être comme une simple âme qui voulait à chaque fois un peu plus, mais son besoin était plus puissant que ses réflexes de prudence.

« Si tu vois des moyens pour qu'on en tire profit, et que ça ne met personne en danger… pourquoi pas, » répondit-il enfin, les paupières plissées, trahissant moins la peur que l'excitation vague d'un défi. Il ignorait la nature véritable de la situation, et j'avais encore des secrets à révéler.

Mais je pressentais que c'était le début de ce que j'espérais. Il fallait que je prenne mon temps et joue sur la corde sensible de ses préoccupations financières si je voulais gagner complètement sa confiance. Pendant les semaines qui suivirent, j'ai semé des petites graines d'idées dans son esprit, discutant fréquemment de la pression des dettes et des difficultés que chacun de nous devait affronter. À chaque fois, je gardais le ton léger, rassurant, tout en orientant nos conversations vers la possibilité d'un changement radical. Après plusieurs semaines d'hésitation, un soir, alors que l'ambiance se détendait autour de quelques bières dans la salle commune, je me suis enfin décidé à lui parler ouvertement de la façon dont je pouvais lui apporter mon aide. Le timing devait être parfait, et la situation déjà bien mûrie. « Tu sais, Raymond, » commençai-je en vidant ma bouteille, « faut pas vivre dans la précarité tout le temps. Il y a une solution, quelque chose qui peut vraiment tout changer. Tu as accès à des informations dans ces bureaux, et je crois qu'on pourrait utiliser ça à notre avantage. » Je vis son visage figé, suspendu entre la curiosité et la prudence. Il voyait en moi plus qu'un simple voyageur. Il commença, visiblement nerveux : « Tu veux dire… manipuler quelque chose dans ces entreprises ? Ça me semble risqué, tu sais... » Il me scruta, se demandant si je parlais sérieusement. Je répondis d'une manière détachée, feuilletant un dossier imaginé, éliminant ainsi toute sensation de précipitation : « Ce n'est rien de vraiment complexe, Raymond. »

Je parle juste d'une petite intervention pour un bénéfice considérable. C'est une affaire que tu connais, et tout ça ne te demanderait que quelques minutes. » Je me penchai plus près de lui, comme pour amener l'atmosphère à un autre niveau, plus intime. « Et cette opération ? Elle pourrait te donner ce dont tu as besoin, tu sais. L'argent pour t'en sortir… régler tes dettes. Imagine un instant, tu pourrais te débarrasser de ce fardeau. Enfin respirer librement. » Il réfléchit avant de me regarder. « Bon, raconte-moi ce que tu veux que je fasse. Tu promets que ça restera raisonnable ?» C'était tout ce que j'attendais. Il avait mordu à l'hameçon, bien que son esprit gardât encore des doutes. Je m'étais si bien préparé à cette discussion, apportant des justifications « légitimes » pour le convaincre de ce qu'il pourrait obtenir. Il s'agissait de se baser sur sa frustration et son besoin urgent de s'en sortir. Je me réjouis sans le montrer. C'était exactement ce que je voulais – l'introduction parfaite à notre collaboration. Je choisis mes mots avec soin, sans dévoiler trop de détails techniques :

« J'ai minutieusement planifié chaque étape. Ce dont j'ai besoin, c'est que tu branches une clé USB dans l'un des systèmes auxquels tu as accès. Rien de compliqué, juste un petit geste qui déclenchera une opération imperceptible et sûre. Ce coup pourrait t'aider à te libérer et à vivre une vie qui te ressemble vraiment. »

Il resta silencieux, ses traits se durcissant sous le poids de ses soucis quotidiens, puis, lentement, une détente imperceptible traversa ses traits.« D'accord, je te fais confiance. Dis-moi juste quand et comment je dois procéder, » conclut-il, scellant ainsi notre pacte dans le secret de la nuit. L'idée n'était pas de la lui vendre sur un ton pressant, mais de l'amener à visualiser avec précision le potentiel que cette opération pouvait offrir. « Imagine... tout cet argent. ». Peu à peu, il se laissait envahir par l'idée de l'argent facile, convaincu que cette opportunité pourrait être celle qui changerait absolument tout. Au fil des mois, les tentatives se succédèrent et les gains s'accumulèrent. J'ai détourné des sommes colossales sans que personne ne se doute de rien. Chaque opération était une montée d'adrénaline, une danse sur le fil du rasoir où le risque se mariait à l'ivresse du succès. Avec cet argent, j'ai commencé à me permettre des choses qui me semblaient autrefois inaccessibles. Je réservais des tables dans des restaurants étoilés, savourant des plats raffinés que je n'aurais jamais imaginé goûter. Les hôtels de luxe sont devenus mes refuges lors de mes déplacements, des suites spacieuses avec vue imprenable, un service aux petits soins, une sensation de confort absolu. Chaque nuit passée dans ces endroits me donnait l'impression d'appartenir à un autre monde, loin de celui que j'avais toujours connu. Au réveil, l'été s'était installé avec une intensité presque cruelle. La lumière du matin se frayait un chemin à travers les rideaux, inondant la chambre d'une chaleur étouffante. Pourtant, malgré cette atmosphère estivale, une étrange torpeur avait envahi mon esprit. Depuis hier soir, je n'avais plus eu aucune nouvelle de Raymond. Ses affaires, soigneusement entassées dans un coin de la pièce, demeuraient comme un macabre témoin de sa disparition. J'avais tenté de le joindre sans relâche, passant des appels restés sans réponse et envoyant des messages que je ne pouvais m'empêcher de relire encore et encore. Chaque sonnerie manquée, chaque absence de retour amplifiait mes pires craintes. Était-il parti vivre dans un autre pays avec l'argent qu'il avait pu accumuler, ou bien s'était-il fait attraper par la police ? La pensée qu'il ait pu être victime de notre audace me terrifiait. En fouillant les affaires de mon ami, je découvris un détail pour le moins étrange : il avait laissé derrière lui son badge.

Pris dans un dilemme déchirant, je me retrouvais tiraillé entre deux instincts opposés. D'un côté, l'envie irrésistible de fuir, de disparaître avant que les autorités ne mettent la main sur nous ; de l'autre, le désir de tenter un dernier coup audacieux.

Inspiré par l'excellence de Raymond, j'ai décidé de me lancer dans une manœuvre encore plus risquée. J'avais réussi à me procurer une carte d'accès falsifiée et méticuleusement préparé mon déguisement d'agent d'entretien. L'uniforme, sobre mais parfaitement ajusté, était conçu pour me camoufler au sein des grandes entreprises que nous surveillions. Pour parfaire mon imposture, j'avais ajouté une perruque fidèle à l'image officielle figurant sur la carte, ainsi qu'un masque, recréant ainsi une identité irréprochable. Dès mon entrée dans le bâtiment, tout semblait se dérouler comme prévu. Je me glissais dans le hall, le cœur battant mais l'esprit concentré, mes gestes réglés avec précision pour éviter toute attention superflue. Cependant, dans la précipitation de l'instant, j'ai commis une erreur cruciale : j'avais omis de vérifier minutieusement les moindres détails du badge copié. Un défaut – une anomalie subtile dans la police et la teinte du fond – trahissait sa nature artificielle. Je continuais à arpenter les couloirs, feignant minutieusement de nettoyer le sol du bâtiment. La serpillière à la main, je m'approchais d'une zone peu fréquentée lorsqu'un garde de sécurité surgit de l'ombre.

« Bonjour, » prononça-t-il d'un énoncé posé, mais sa présence ne manifestait vraiment aucune confiance. Je l'avais remarqué tout de suite : cet agent avait du flair, un sens aigu, aiguisé par des années à repérer les moindres détails. « Votre service est différent de ce que je connais, pour quelle société travaillez-vous ? » Son ton était mesuré, mais un sous-entendu se glissait dans ses propos, révélant une once de scepticisme. Je sentais la tension monter. Je pris une inspiration et répondis aussitôt d'une formule aussi assurée que possible : « Je remplace un collègue pour son service de nettoyage, il m'a demandé de venir immédiatement. » Il sembla se suspendre un instant, inspectant mon badge, le focus désormais fixé sur le logo. Puis, d'un mouvement presque imperceptible, il s'inclina, me scrutant avec plus d'insistance.

« Montrez-moi votre badge, s'il vous plaît. »

Le temps parut s'arrêter alors que j'étendais lentement la carte. Il passa ses doigts sur le plastique, examinant minutieusement les moindres détails. Le souffle court, j'attendais, redoutant que la moindre irrégularité révèle mon subterfuge. Un instant de trop pouvait tout faire basculer. Je luttai pour rester maître de moi. « Oui, c'est juste un badge temporaire. On remplace souvent le personnel ces temps-ci, » répondis-je en m'efforçant de garder une apparence détendue.

Le garde hocha la tête, puis ajouta : « D'accord…
faites attention, il faut rester dans le couloir
principal. » À peine ses mots eurent-ils disparu
dans le bourdonnement ambiant que je remarquai
qu'il portait désormais son attention ailleurs,
comme s'il vérifiait mon identité dans son bureau.
Au loin, j'entendis ses mots bas au téléphone : «
Oui, vérifiez le personnel de nettoyage du 3e
couloir… quelque chose ne va pas. » Le temps
semblait se raccourcir. Je savais que je n'avais
plus que quelques secondes pour quitter cet
édifice aux néons blafards et aux murs de béton
durs. Le tic-tac d'une horloge suspendue me
rappelait la nécessité. D'un geste vif, je laissai
tomber ma serpillière et j'ai filé vers l'ascenseur,
espérant que mon déguisement suffirait encore
quelques instants pour dissimuler ma véritable
identité. Chaque seconde comptait désormais, et
le doute du garde me suivait comme un spectre
alors que je m'engageais dans la course effrénée
vers la liberté. Chaque couloir devenait un
labyrinthe, chaque porte, une potentielle issue. La
blancheur éclatante accentuait la sensation de
hâte, tandis que les ordres résonnaient dans
l'atmosphère tendue de la sécurité. Mon rythme
s'emballait alors que je dévalais les escaliers et
me glissais dans des salles de stockage,
essayant vainement de semer ceux qui me
pourchassaient.

Cette poursuite palpitante, ponctuée de virages serrés et de cachettes précaires derrière du matériel, fut un rappel brutal que la moindre erreur pouvait coûter cher. Je sentais l'électricité dans l'air monter à chaque pas, mon esprit focalisé sur l'objectif : sortir du bâtiment avant qu'il ne soit trop tard. Le garde me suivait à une distance contenue, épiant chacun de mes mouvements. À travers les fenêtres métalliques du couloir, j'aperçus les lumières de la rue, et la sortie ne semblait plus si loin. Tout à coup, je vis un bus s'arrêter à un coin de rue près de l'entrée. J'étais trop pressé pour réfléchir. Je pris une respiration tremblante et me fis une promesse intérieure : il fallait y aller. "Je savais que c'était risqué," me dis-je, tout en accélérant le pas. Je me faufilai dans les ruelles de la ville, m'appuyant sur l'ombrelle nocturne pour me dissimuler. Les échos d'hommes en uniforme remontaient derrière moi, mais je leur échappais, mes déplacements plus habiles, une pulsation fiévreuse envahissant mon être. Les réverbères dessinaient des formes qui semblaient m'accompagner, me guidant vers ma potentielle liberté. Arrivé à l'arrêt de bus, voyant les portes s'ouvrir et se refermer, je partis instantanément. Je montai à bord du vieux véhicule, peu fréquenté, un entre-deux entre le tumulte et l'anonymat offert par la poussière des banlieues.

Le conducteur, absorbé dans ses pensées, ne me remarqua pas. Au fond, je trouvai un coin me permettant de me fondre dans la pénombre. Là, à l'abri des regards, je pris une minute pour respirer profondément et retirer mon déguisement, dissimulant le tout dans un sac oublié sous mon siège. Ayant effacé l'arme de ma réussite récente, je pris un dernier aperçu furtif de la rue qui s'éloignait. Une fois dans le centre-ville, je descendis et me rendis à un petit hôtel, un refuge impromptu où je passerai la nuit. La brise fraîche soulevait la pesanteur en éveil, mais pour moi, ce soulagement furtif, tout prêt d'être découvert en pleine course, était l'indication qu'une étape de plus venait d'être franchie. Le lendemain à l'aube, je récupérais mes affaires et décidais de quitter l'auberge de jeunesse. L'absence de Raymond me plongait dans une inquiétude croissante. Le sommeil m'avait définitivement échappé, mon être tourmenté ne trouvant aucun répit. Pris d'une panique sourde, je me dirigeai alors vers le nord du pays, vers un village isolé où je louai une petite chambre. J'y passai deux semaines que je vécus comme une épreuve. La solitude devenait une compagne insupportable, et je croyais presque perdre la raison dans ce lieu déserté. Ce village, destiné aux vacances, n'était presque jamais fréquenté à cette époque de l'année. Aucun visage familier à apercevoir ; et pour couronner le tout, le réseau était quasi inexistant. Isolé dans ce paysage figé, je ne cessais de me demander si cet exil volontaire finirait par me consumer totalement. Les montagnes s'élevaient devant moi, immenses et impassibles, comme des géants endormis sous un manteau de brume légère. Le soleil déclinait lentement derrière leurs sommets déchiquetés, peignant le ciel de nuances orangées et violettes. Le vent soufflait doucement, soulevant la poussière du chemin et faisant frémir les branches nues des arbres esseulés. Je me suis assis sur un vieux banc de bois, à moitié rongé par le temps et l'humidité. De là, j'admirais la vallée s'étendre à perte de vue, les toits des quelques maisons encore visibles. Tout semblait pétrifié, comme si ce lieu avait été abandonné par le temps lui-même. Et moi, j'étais là, prisonnier de mes songes, incapable de m'en libérer. Je repensais à ma vie, aux galères implacables qui semblaient une malédiction sans fin. J'avais juste voulu être comme tout le monde, avoir une existence normale, sans ce poids qui m'écrasait un peu plus chaque jour. Mais la normalité semblait être un luxe que je ne pouvais me permettre. L'image de ma mère est apparue dans mon esprit, son sourire doux et fatigué, celui qui tentait sans cesse de cacher ses peines. Puis, sans prévenir, le souvenir de Rémi m'a frappé. Notre rencontre, tout avait changé, les promesses

échangées, les espoirs partagés. Et maintenant ?
Il n'était plus là. Plus personne n'était là. Les
pensées se bousculaient dans ma tête, trop vite,
trop fort. Une larme, puis une autre, ont glissé sur
mes joues sans que je ne puisse les retenir.
J'étais en train de pleurer, seul, perdu au milieu
de nulle part. Ces derniers temps, l'émotion me
submergeait sans prévenir, même en public.
C'est pour ça que je ne sortais jamais sans mes
lunettes teintées. Un bouclier dérisoire contre la
vérité. Je remettais tout en question. Mon passé,
mon avenir, mon présent… tout semblait n'être
qu'un labyrinthe sans issue. Je portais un fardeau
bien trop pesant pour mes épaules fatiguées. Et il
ne me restait presque plus d'argent. Je ne savais
plus quoi faire. Rester ici, n'avait aucun sens.
Mais partir… partir où ? Le vent fouetta mes
oreilles, comme une réponse muette. J'avais
même cru un instant que l'établissement était
hanté, tant des phénomènes étranges se
produisaient chaque soir, me plongeant dans une
angoisse grandissante. Bien après minuit, un
bruit suspect m'interpella. Curieux, mais
également effrayé, je sortis subrepticement de
ma chambre. Le sol, en bois vieilli, grinçait
terriblement sous mes pas. Alors que j'avançais
dans le couloir, je tombai nez à nez avec un vieil
homme, dont la silhouette s'était d'un coup
matérialisée. Surpris, je sursautai sous l'effet du

choc.

Il m'interrogea d'une façon étonnamment posée, me demandant où se trouvaient les toilettes. La peur qui m'envahit fut si intense que je manquai de force pour répondre. Je reculai d'un coup et refermai immédiatement la porte de ma chambre, tremblant de tous mes membres.. Dans la panique, je me souvins d'une chose à peine croyable... Il m'était même impossible de me contrôler, et je m'urinais dessus, sidéré d'effroi. Le lendemain, incapable de supporter davantage cette angoisse, je partis précipitamment, laissant derrière moi ce lieu qui n'était plus qu'un enfer. La vie de hacker m'avait épuisé. Fuir, me cacher... Ce n'était plus ce que je voulais. Il était temps de me remettre dans le droit chemin, de construire quelque chose de solide. À 22 ans, je devais prendre un nouveau départ. Mais j'avais besoin d'argent. Et les bonnes intentions ne paient pas les factures... J'avais pris ma décision : j'allais me créer un faux diplôme en informatique. Mais plutôt que d'attaquer directement la base de données de l'université, je choisissais une méthode plus discrète : l'ingénierie sociale. Pourquoi forcer un coffre quand on peut convaincre quelqu'un de l'ouvrir pour nous ? Je ciblai un administrateur du système, une personne avec les accès nécessaires. Après quelques recherches en ligne, je trouvai son adresse e-mail professionnelle et même des traces de ses échanges sur des forums techniques. Il semblait être du genre méthodique, mais pas paranoïaque. Parfait. La première étape était de lui faire croire que son compte était compromis. J'envoyai un faux e-mail officiel, imitant parfaitement ceux du service informatique de l'université. Dans ce message, je l'informais d'une tentative d'intrusion et l'invitais à réinitialiser son mot de passe via un faux site que j'avais préparé. Quelques heures plus tard, il tomba dans le piège. Son identifiant et son nouveau mot de passe étaient désormais entre mes mains. Avec cet accès, je me connectai au système universitaire et naviguai jusqu'à la base des diplômés. En quelques minutes, mon nom était officiellement inscrit dans les archives, avec un diplôme en informatique validé et prêt à être vérifié par n'importe quel employeur. Un simple jeu d'illusions, et j'étais désormais qualifié… du moins, sur le papier. J'avais décroché quelques entretiens, mais pas dans les sociétés que je visais. Grâce à mon CV, je passais les premiers filtres, mais pour intégrer une grande boîte, ce n'était pas suffisant. Les recruteurs des petites structures étaient curieux, parfois même impressionnés par mon parcours, mais ce n'était pas ce que je voulais. Je visais plus haut. Les grands groupes fonctionnaient différemment. Le parcours académique ouvrait des portes, certes, mais pas toutes. Pour pénétrer ces cercles fermés, il fallait un contact, quelqu'un à l'intérieur. C'est là que je compris : ce n'était pas juste une question de compétences ou de titres, mais de réseau. Et si je voulais vraiment atteindre mon objectif, il allait falloir trouver un autre moyen d'entrer. Alors, j'ai réfléchi. Longtemps. Et puis, l'idée m'est venue. J'ai foncé en ville, acheté un costume impeccable. Si personne ne voulait me donner ma place, j'allais me l'imposer. J'ai commencé à écumer les bars, les lounges, les restaurants où se retrouvaient les cadres, les décideurs, ceux qui pouvaient m'ouvrir les bonnes portes. Sur les réseaux, je traçais leurs habitudes. Je notais les endroits qu'ils fréquentaient, leurs centres d'intérêt, leurs discussions publiques. Je connaissais tout à leur sujet avant même d'avoir échangé un mot. Puis, une nuit, je suis tombé sur l'un d'eux, un homme influent dans une entreprise que je convoitais. Mais il était trop méfiant. Quelque chose dans ma façon d'être l'inquiétait. Peut-être parce que je connaissais mon discours sur le bout des doigts, trop bien, trop fluide. Il me fallait être meilleur. J'ai alors commencé à me plonger dans un autre domaine : la manipulation, la psychologie, l'art de la persuasion. J'ai lu des livres, analysé les comportements, perfectionné mon approche.

Puis, un soir, je l'ai vue. Une femme assise à quelques mètres, un verre de vin rouge à la main. Élégante, confiante, à l'aise dans cet univers où les affaires se nouaient et se dénouaient entre deux gorgées d'alcool raffiné. Sa présence imposante balayait la salle avec une assurance tranquille, comme si rien ne pouvait l'atteindre. Elle dégageait une aura de pouvoir. Sa robe noire, à la coupe épurée et taillée sur mesure, épousait sa silhouette élancée avec une élégance naturelle. Ses cheveux bruns tombaient en vagues légères sur ses épaules, et ses lèvres, teintées d'un bordeaux intense, s'étiraient légèrement, presque amusées, lorsqu'elle écoutait son interlocuteur. Je savais exactement qui elle était. Son nom, son poste, son influence. Une manageuse respectée dans une entreprise que je convoitais. Si quelqu'un pouvait m'ouvrir les portes de ce monde fermé, c'était elle. Je devais dépasser l'approche classique. Les CV et les entretiens ne m'avaient mené nulle part. Il fallait que je joue autrement. Je me suis avancé vers le bar, commandant un whisky, feignant l'indifférence. Nos chemins se sont croisés un instant, le temps d'une brève connexion. Elle devait venir à moi, et non l'inverse. Je me suis tourné vers elle, comme par hasard, laissant entendre une remarque sur la soirée, quelque chose d'intelligent mais avec une certaine nuance.

Elle a relevé la tête vers moi, intriguée.

— Vous semblez vous ennuyer. Soirée peu captivante ?

Elle a haussé un sourcil, amusée par mon audace.

— Disons que les discussions tournent souvent en rond.

Je lui ai adressé un signe de connivence avant de prendre une gorgée de mon verre.

— Ça dépend avant tout du bon interlocuteur.

Son attention s'est attardée une fraction de seconde de plus que nécessaire. Elle mordait à l'hameçon.

Je connaissais son parcours, ses réussites, même certains détails de sa vie privée. Mais tout était une question de finesse. Je devais éviter de montrer que je savais déjà qui elle était, pour l'intéresser et l'intriguer, lui donnant envie d'en savoir plus.

C'était un jeu d'échecs, une stratégie où la victoire était mon seul objectif.

Elle porta son vin à ses lèvres avant de le reposer doucement sur le comptoir. Une pause dans son mouvement laissa deviner qu'elle m'évaluait.

Parfait. Elle me testait déjà.

— Et vous, alors ? demanda-t-elle en jouant distraitement avec un bracelet à son poignet. Que faites-vous ici, seul ?

Je laissai échapper un bref rire, plus pour moi-même que pour elle. Il ne fallait jamais répondre trop directement. Toujours maintenir un voile de mystère.

— Je profite de l'instant, répondis-je d'un ton tranquille. Après tout, les meilleures rencontres sont souvent celles qu'on n'attend pas.

Elle passa une main dans ses cheveux, réfléchissant brièvement.

— Ça dépend des rencontres, murmura-t-elle, un brin provocatrice. Certaines sont enrichissantes… d'autres, une pure perte de temps.

Elle voulait jauger ma réaction. Plutôt que de répondre immédiatement, je laissai planer un silence calculé.

— Le temps est une question de perception. Une seule conversation peut redéfinir un destin.

Un plissement de ses commissures trahit son intérêt. Elle était intriguée.

Ce soir-là, nous avons continué à parler, échangeant sur des sujets que peu abordaient dans ce genre d'endroits. Elle voulait tester mon charisme, ma capacité à la surprendre. Je jouais le jeu avec habileté, esquivant ses tentatives de me cerner trop vite, retournant parfois ses propres questions contre elle.

— Vous aimez garder le contrôle, non ?

— Qui n'aime pas ça ?

— Ceux qui savent que l'illusion du contrôle est plus efficace que le contrôle lui-même.

Un bref arrêt, une attention plus soutenue. Elle avait compris que j'étais différent.

Nous avons terminé la soirée avec une forte impression d'inachevé, sentant que l'histoire devait continuer.

Et elle ne s'arrêta pas.

Elle m'envoya un message, puis un autre. Chaque échange était un équilibre entre intérêt et retenue, curiosité et subtilité.

Petit à petit, nous avons commencé à nous revoir.

Dans des lieux soigneusement choisis.

Un restaurant en terrasse avec vue dégagée. Un bar où la musique était assez basse pour permettre de vraies conversations. Chaque échange la rapprochait un peu plus.

Elle aimait mon regard sur le monde, ma manière de décortiquer les relations humaines.

Et elle tomba dans le piège.

Six mois. Six mois où tout avait changé.

Tout avait commencé par ce simple verre, ce dialogue feutré dans un lounge chic. Mais rapidement, la manipulation était devenue plus profonde.

Je n'avais jamais tenté de la séduire ouvertement; elle s'était attachée spontanément.

Je lui offrais ce que les autres hommes ne lui donnaient pas :
-Un esprit aiguisé, qui voyait au-delà des apparences.
-Une capacité à comprendre ses pensées avant même qu'elle ne les exprime.
-L'impression d'être avec quelqu'un de rare, de spécial.

Elle était fascinée.

Très vite, elle commença à m'inviter chez elle, à me faire entrer dans son univers.

Son appartement ? Un duplex luxueux perché au sommet d'un building, dans un quartier où seuls quelques privilégiés pouvaient se permettre de vivre. Marbre au sol, baies vitrées, mobilier design. Un lieu qui incarnait la réussite.

Petit à petit, je m'installai.

J'avais constamment une excuse : « Je rentre tard, je peux dormir ici ? » puis « J'ai laissé des affaires, je vais les récupérer demain. » Elle m'offrit un tiroir. Puis une armoire.

Et un matin, sans même y réfléchir, j'étais devenu son quotidien.

Elle n'avait jamais cherché à me poser trop de questions. Je restais volontairement mystérieux sur mon passé, cultivant cette aura de l'homme qui a vécu mille choses mais qui en parle peu.

Elle adorait ça.

Elle pensait que j'étais différent, et elle avait raison.

Quand elle me parlait de son travail, je l'écoutais réellement, je la conseillais mieux que ses propres collègues. Je l'aidais à gérer des situations complexes, à comprendre les jeux de pouvoir. J'étais devenu indispensable à son équilibre.

Elle se confiait à moi plus qu'à n'importe qui.

Et moi ? Je ne lui avais jamais dit ce que je cherchais réellement.

Mais il fallait que ça vienne d'elle.

Un soir, alors que nous étions installés sur son canapé, un thé fumant à la main, elle me fixa un instant.

— Tu sais… Parfois, j'ai l'impression que tu es un génie, mais que tu refuses de l'admettre.

Je souris, jouant la carte du détachement.

— Pourquoi tu dis ça ?

— Tu comprends tout. Tu vois des choses que personne ne voit. Mais tu ne parles jamais de ton vécu.

Je pris une gorgée, puis laissai un vide s'installer. C'était le moment parfait.

— Je vais te dire un truc… mais tu vas peut-être rire.

Elle eut un léger pli au front, curieuse.

— Dis-moi.

Je baissai les yeux, feignant une certaine gêne.

—Je suis un passionné d'informatique, et tu ne me croiras pas, mais j'ai même obtenu un diplôme d'une grande école.

Elle eut un bref battement de paupières, surprise.

— Attends, quoi ?

— J'étais même parmi les premiers de ma promo. Mais je ne l'ai jamais utilisé.

Elle semblait perdue.

— Pourquoi ?

Je haussai les épaules, jouant la psychologie inversée à la perfection.

— J'ai envoyé des centaines de candidatures. Personne ne voulait me donner ma chance.

J'ai fini par comprendre que cela était loin d'être pour moi.

Elle posa sa coupe, l'engrenage s'était refermé.

— Tu plaisantes ?!

— Non… Pourquoi ?

Elle se redressa, un peu choquée.

— Tu aurais dû me le dire bien plus tôt ! Avec ce que tu es capable de faire, tu pourrais décrocher un poste rapidement !

— Peut-être… Mais où serait le plaisir si c'était aussi simple ?

Elle secoua la tête, visiblement frustrée.

— Non, écoute-moi. Tu es brillant. Je connais des gens, je peux t'introduire dans mon réseau.

Je relevai enfin mon menton vers elle, faisant mine d'être touché.

— Tu ferais ça pour moi ?

— Évidemment ! Tu mérites largement mieux que de traîner dans des cafés.

Je laissai passer quelques secondes, comme si j'étais en train de réfléchir profondément.

— D'accord… Si tu penses que ça vaut le coup, alors… je te fais confiance.

Elle posa une main sur la mienne, pleine de conviction.

— Fais-moi confiance.

Je venais d'obtenir exactement ce que je voulais.

Le lendemain, elle envoya quelques messages, passa deux coups de fil. En moins de 48 heures, j'avais un entretien.

Elle était fière de m'aider.

Elle pensait que c'était elle qui me poussait à avancer.

Mais en réalité… je l'avais amenée exactement là où je voulais qu'elle soit.

Je me suis allongé sur le canapé, les pensées errant vers le plafond.

Quelque chose clochait.

J'avais tout manœuvré à la perfection. Chaque mot, chaque geste.

Alors pourquoi je me sentais comme ça ?

J'aurais dû être satisfait. Fier de mon exécution. Pourtant, une sensation étrange s'installait en moi. Un malaise diffus.

C'était… dégueulasse.

Je savais déjà, inutile de me le répéter.

C'était injuste pour elle.

Elle était intelligente, ambitieuse, sincère. Elle avait réussi par son propre mérite, dans un monde où les femmes comme elle devaient prouver dix fois plus que les autres.

Et moi ? Moi, j'avais profité de ça.

J'étais contraint, n'est-ce pas ?

J'avais tout tenté autrement. Les candidatures, les entretiens, les CV qu'on ignore, les refus sans explication.

J'avais essayé d'être comme tout le monde. Mais le monde me rejetait.

Alors j'avais dû jouer autrement. Utiliser ce que je savais faire.

Ce soir, étendu dans cet appartement emprunté, je me suis interrogé sur le moment exact où j'avais franchi une limite.

Et surtout... pourquoi est-ce que je ressentais ça maintenant ?

Je tournai la tête vers la chambre. Elle dormait.

Sa respiration était régulière, paisible. J'aurais pu me lever, rassembler mes affaires, disparaître.

Mais je ne voulais pas.

Je commençais à m'attacher à elle.

C'était inattendu.

Et c'était probablement la pire erreur que je pouvais faire.

Cela faisait maintenant quelques mois que je travaillais dans cette boîte. Une tour de verre et d'acier, austère et déshumanisée, où tout était calculé pour maximiser l'efficacité.

Les couloirs étaient calmes, les employés plongés dans leurs tâches. Ici, personne ne prenait le temps de connaître vraiment ses collègues. Tout était une question de performance, de résultats.

L'open space était dominé par des tableaux de bord en temps réel, des graphiques affichés sur de larges panneaux, des salles de réunion vitrées où se décidaient des millions en quelques mots.

Au début, j'avais trouvé ma place.

Grâce à cette stabilité, j'avais pu obtenir un appartement. Un vrai chez-moi. Pour la première fois depuis longtemps, je n'étais plus dépendant de personne.

Et pourtant, quelque chose avait changé.

Elle était là, mais elle n'était plus la même.

Son bureau était situé au quatrième étage, un niveau au-dessus du mien. Auparavant, elle descendait parfois me voir, m'envoyait des textos, trouvait une excuse pour me parler.

Mais maintenant… elle m'ignorait.

Elle ne me disait même plus bonjour.

Je la croisais parfois dans les couloirs, son indifférence tranchante me frôlant comme si je n'existais pas. Elle savait.

Ou peut-être qu'elle avait des doutes.

Peut-être qu'elle avait senti que je jouais un rôle.

Peut-être qu'elle avait compris que je l'avais manipulée.

Ou bien, c'était juste de la colère.

Colère d'avoir été utilisée. Colère de s'être attachée à un homme qui, au fond, n'avait jamais été sincère.

Mais je résistais à l'attachement.

Je savais ce que ça coûtait. C'était le premier pas vers la chute.

Alors, je l'avais quittée.

Plus de messages. Plus d'appels. Je l'avais effacée.

Mais elle… elle était bien décidée à m'empêcher de partir aussi facilement.

D'abord, ce furent des murmures.

Je remarquais l'attention distante qui pesait sur moi, les murmures qui s'éteignaient lorsque j'entrais dans une salle. Ceux qui, quelques semaines plus tôt, me saluaient avec enthousiasme, commençaient à m'ignorer.

Elle avait commencé à colporter des rumeurs.

Des insinuations bien placées. Subtiles, mais efficaces.

— Tu savais qu'il avait menti sur son parcours ?
— J'ai entendu dire qu'il avait une drôle de réputation…
— Il est arrivé trop vite ici, c'est louche.

Bien qu'elle manquât de preuves, son intuition lui suffisait.

Dans une société comme celle-ci, la confiance valait plus que les compétences.

Si les gens commençaient à douter de moi, j'étais foutu.

Mais ce qu'elle ignorait… c'est que moi aussi, je pouvais jouer à ce jeu.

Je connaissais ses faiblesses. Je savais comment la toucher.

Et surtout, je savais comment semer le trouble.

J'ai initié mon premier assaut un jeudi matin. Un simple e-mail.

Expéditeur : son adresse professionnelle.
Destinataires : toute la direction.

"Je vous invite à un événement exceptionnel, où je révélerai les erreurs stratégiques majeures de notre entreprise. Soyez nombreux."

Et je m'étais bien sûr mis en copie du message.

J'avais falsifié son adresse, trafiqué les métadonnées.

Le chaos a été immédiat.

La direction a répondu en panique. Certains se demandaient si elle avait perdu la tête.

Elle m'a cherché. Je le percevais dans son attitude.

Elle savait que c'était moi. Mais elle ne pouvait rien faire.

Et pendant un instant, je me suis amusé.

Jusqu'à ce qu'elle décide de frapper encore plus fort.

En fin de semaine, alors que j'arrivais au bureau, j'ai senti que quelque chose n'allait pas.

Mon manager est venu me voir, le visage fermé.

— Il faut qu'on parle.

J'ai suivi sans broncher.

Dans une salle de réunion vitrée, elle était là.

Assise, avec cette expression de satisfaction que je ne lui avais jamais vue auparavant.

Sur la table, un ordinateur ouvert.

Elle avait fouillé dans mon passé.

Elle lui avait monté la tête contre moi.

C'était évident.

Celui qui m'appelait le "jeune prodige", qui croyait en moi… ne me regardait plus de la même façon.

Il s'assit lentement, but une gorgée d'eau. Son

silence était plus inquiétant que n'importe quel discours.

Ce n'était plus le même homme.

Et elle, placée à sa droite, était étrangement détendue.

Elle avait retourné la situation.

Puis vint la première question.

Seche. Directe.

— Qui es-tu vraiment ?

Mon cœur s'arrêta net.

Je faillis m'évanouir sur place.

Ils bluffaient… ou alors ils avaient trouvé quelque chose.

Mes pensées s'emballèrent.

Est-ce qu'ils avaient des preuves ?
Est-ce qu'elle savait tout ?
Ou était-ce juste un piège psychologique ?

Je devais répondre, mais les mots ne venaient pas.

Et elle… elle savait.

Elle devinait que j'étais en train de douter.

Que je paniquais intérieurement.

C'est là que j'ai compris.

Elle n'avait rien de concret.

Si elle avait eu une preuve réelle, elle l'aurait posée sur la table immédiatement.

Mais elle voulait me faire craquer avant.

J'avais sous-estimé mon adversaire.

Je repris mes appuis, me redressant lentement sur ma chaise.

Puis je jouai la seule carte qu'il me restait.

La victime.

Je laissai échapper un rire amer, comme si la situation était ridicule.

— Qu'est-ce qui tourne pas rond dans cette boîte ?!

Cette réaction les a surpris.

Je frappai doucement la table, juste assez pour marquer un coup.

— Je fais mon travail nickel, je donne le meilleur

de moi-même… et au final, on essaye de me piéger.

Les regardant tour à tour, je fixai mon manager avec insistance.

— Je croyais que tu avais confiance en moi.

Son assurance flancha un instant.

J'avais touché un point sensible.

Puis je me levai brutalement, attrapant mon sac.

— Puisque c'est comme ça… je démissionne.

Je ne leur laissai aucun temps pour répondre.

En partant, je jetai un dernier coup d'œil à elle.

Elle garda un visage fermé.

Elle savait qu'elle avait perdu son duel psychologique.

J'avais pris la bonne décision.

Parce que s'ils creusaient trop, ils finiraient par trouver la vérité.

Ils manquaient de preuves...

Mais ils auraient pu en trouver une.

J'étais parti à temps.

Mais cela continuait.

Parce que si elle croyait m'avoir fait disparaître…

Elle n'avait encore rien vu.

En quittant la tour, je l'aperçus derrière la vitre des étages supérieurs.

Son expression était impassible.

J'ai souri.

Mais j'ignorais encore jusqu'où j'allais chuter.

Le lendemain, je me suis retrouvé face à un vide abyssal.

Sans emploi.

J'ai sombré dans l'alcool, noyant mes regrets et ma rage dans chaque verre.

J'ai brûlé mes dernières économies dans des hôtels minables et des clubs où personne ne posait de questions.

Puis, je me suis fait expulser de chez moi.

Deux mois.

Deux mois à errer dans la ville, sans but, sans

espoir.

Je dormais dans ma voiture, un vieux modèle fatigué garé dans des recoins isolés pour éviter la police.

Les journées étaient floues, rythmées par la faim, l'épuisement et l'amertume.

Je ne parlais à personne.

J'étais devenu un fantôme.

Jusqu'à l'événement qui fit tout basculer encore plus bas.

C'était une nuit austère, une de celles où l'humidité vous ronge jusqu'aux os.

Je revenais d'une errance sans fin, épuisé, quand j'ai vu ma voiture en flammes.

Elles dévoraient l'intérieur, projetant des lueurs orangées sur les murs alentours.

J'ai couru, essayant de récupérer mes effets.

Mais il ne restait plus rien.

Tout ce que je possédais encore… était réduit en cendres.

Qui avait pu faire ça ?

Je me suis retourné, cherchant un visage, un indice.

Rien.

J'avais des ennemis. Beaucoup.

Mais est-ce que c'était un avertissement ? Une vengeance ?

Ou juste un coup du sort cruel ?

Je ne le saurais jamais.

Dévasté, je me suis traîné jusqu'à la gare la plus proche.

Je me suis allongé directement sur le sol, sans plus me soucier de la réaction des passants.

Le froid mordait ma peau, mais rien ne faisait plus mal que l'échec.

Les jours ont passé.

Puis des semaines.

Puis presque un an.

J'étais devenu un mendiant, un de ces visages invisibles que tout le monde évite du regard.

J'attendais devant les magasins, tentant d'obtenir

un peu de nourriture, quelques pièces.

Rien ne me restait.

Jusqu'à cette date où le passé me rattrapa d'une manière totalement inattendue.

Un matin, alors que je traînais près d'une boulangerie, un homme s'arrêta devant moi.

Un costume bien taillé, une montre de luxe à son poignet.

Il fronça les sourcils en me regardant.

— Alex ?

Ma gorge se serra.

Je levai lentement la tête.

Son visage me semblait familier… puis la mémoire me frappa comme un coup de poing.

Un ancien collègue.

Quelqu'un que j'avais aidé sur de nombreux projets.

— Non, je veux pas y croire… Qu'est-ce que tu fais là, mec ?

Son attitude oscillait entre l'incrédulité et la peine.

Je savais ce qu'il voyait en moi.

Un clochard en haillons, mal rasé, rien à voir avec le gars talentueux qu'il connaissait autrefois.

J'avais honte.

Je devais sentir le moisi, la rue, l'abandon.

Il s'accroupit à ma hauteur.

— Bon sang… Alex.

Sa voix tremblait presque.

Il m'appréciait vraiment.

Il avait toujours dit que je lui rappelais son petit frère.

Et maintenant, il me trouvait dans cet état.

Il prit sa décision sans tarder.

— Tu viens avec moi.

Il insista pour m'aider.

Je refusai d'abord.

Par fierté. Par embarras.

Mais il insista encore.

Finalement, je le suivis.

Il vivait dans un studio moderne, au centre névralgique de la ville.

Un fêtard, un bon vivant.

Chez lui, tout exsudait l'opulence et l'insouciance.

Une télévision immense, une cuisine dernier cri, des vestes de marque alignées dans sa penderie, des montres hors de prix.

J'étais ébloui par le contraste.

Ce monde, je l'avais connu.

Et je l'avais perdu.

Il me prêta des vêtements propres, de l'argent.

— Remets-toi sur pied, mec. T'as rien à faire dehors.

Ce jour-là, on a commandé des pizzas.

Il riait beaucoup, trop même.

Son comportement était étrange. Beaucoup trop euphorique.

Je compris vite qu'il prenait des substances… probablement des drogues dures.

Mais ça m'était égal.

Parce qu'au moins, j'avais un toit pour dormir.

Et grâce à lui, j'avais une chance de me relever.

En moins d'un mois, avec une tenue soignée, une coupe propre et un peu de confiance retrouvée…

J'ai trouvé un job.

Ce n'était qu'une petite mission.

Un poste de technicien IT.

Mais c'était un premier pas.

Je sortais enfin de l'ombre.

Mais au fond de moi, je savais que tout ça n'était qu'un début.

Parce qu'après avoir touché le fond, on n'a plus peur de rien.

Les années passèrent, et à vingt-cinq ans, mon quotidien se déroulait dans les murs impersonnels d'une start-up plus soucieuse de son image que de véritable innovation. J'étais entouré de visages fatigués, dont la seule ambition semblait être de survivre à une nouvelle semaine de travail. Le soir, mon studio minuscule, encombré de câbles devenait mon véritable refuge. Je ne traînais pas sur les forums grand public de cybersécurité, mais sur des réseaux privés, accessibles uniquement sur invitation. Là, les plus doués s'affrontaient, repoussaient leurs limites et échangeaient des techniques qui ne devaient jamais sortir de l'ombre. Dans ces cercles restreints, l'anonymat était absolu. Aucun vrai nom, aucune adresse. Certains de ces hackers étaient des figures emblématiques du darknet, capables de faire disparaître une identité ou de s'infiltrer dans des systèmes ultra-sécurisés. J'étais loin d'être à leur niveau, mais j'apprenais vite. Les défis étaient mon terrain d'entraînement. Briser une clé de chiffrement, contourner une authentification, manipuler des protocoles réseaux. C'était mon quotidien. Là où d'autres voyaient des barrières, je voyais des opportunités. Mais dans ce monde, il y a une règle d'or : Ne jamais attirer l'attention. Certains l'oubliaient. Je refusais de commettre cette erreur. Pourtant, l'idée de me venger revenait sans cesse, comme une vague qui refusait de se retirer. Après cette affaire, j'étais tombé plus bas que terre. J'avais tout perdu. Et dans cette descente aux enfers, ma haine avait grandi, lentement, inexorablement.

Elle.

C'était elle qui m'avait eu. Elle qui m'avait attiré

dans son monde, manipulé, puis écrasé sans le moindre état d'âme. Pourtant, je l'avais aimée. Du moins, j'avais cru l'aimer. Mais maintenant, il ne restait plus que cette brûlure au fond de moi, un mélange amer de rancune et de désir inassouvi.

Mon ancienne entreprise, je l'avais laissée derrière moi. Mais elle, elle continuait d'évoluer dans ce cercle doré, indifférente aux ruines qu'elle laissait derrière elle. J'avais eu le temps d'analyser. De comprendre ses habitudes, ses faiblesses. De la voir se mouvoir dans son environnement comme si rien ne pouvait l'atteindre.

Elle se trompait.

Cette fois, c'est moi qui allais mener le jeu.